璀璨圆明园

璀璨圆明园

图/文 吴洋

五洲传播出版社

风中的圆明园

公元1644年，中国历史发生了翻天覆地的变化，北京受到了前所未有的冲击。

这年4月，李自成率农民起义军攻入北京城，随后，崇祯皇帝在紫禁城北门外的煤山（如今的景山）自缢身亡，明朝灭亡。5月，李自成在紫禁城举行登基大典，但此时，清军已经入关，登基的第二天，李自成便弃京而逃，清军随即进入北京。11月，清顺治帝（1644—1661年在位）颁布即位诏书，清王朝中央政权建立。

短短几个月的时间里，两次改朝换代，真不知道那一年北京的百姓是怎么熬过这兵荒马乱的。

清朝定都北京之后，随皇帝入京的后妃和王公大臣们分别住进了紫禁城和各自的府邸。他们从林木苍莽的北方来到繁华的都城，住进了美轮美奂的宫殿王府，起初倒也感到新奇惬意。然而，时间久了，他们发现，住在深宫大院，既呼吸不到山林的气息，也享受不到骑马的乐趣，这种生活实在乏味。

1683年以后，朝廷开始在京城西郊兴建行宫和花园。清朝的第二代皇帝康熙（1662—1722年在位）在风景优美的海淀营建了畅春园，并于1687年移居园中。从那以后，畅春园不仅成为康熙与太后避暑的夏宫，而且成为皇帝"避喧听政"的地方。康熙来到畅春园的时候，朝臣和皇子们往往也要随行。为了给他们提供随侍的居所，畅春园周边兴起了造园热潮。圆明园便是康熙皇帝为皇四子胤禛建造的赐园，康熙为之题匾"圆明园"。胤禛也就是后来的雍正皇帝，"圆明"是胤禛的法号。

圆明园位于畅春园以北，距离畅春园不到一公里。按清代的规制，赐园的规模不能超过皇帝居住的畅春园，所以，圆明园初建的时候，面积只有大约 33 公顷。雍正即位后，于 1725 年将赐园改为离宫御园，营建设有外朝和内廷的宫廷区，并开凿福海，拓展园区。扩建后，园内有了 28 处建筑群，面积增加到了 200 多公顷。

1737 年，清代第四位皇帝乾隆（1736—1795 年在位）对圆明园进行第二次扩建，增加了 12 处新的建筑群，形成了著名的“圆明园四十景”。后来，他又在圆明园附近兴建长春园和绮春园。这三座园林，同属圆明园管理大臣管理，所以也称圆明三园。

圆明三园的修建工程一直延续到乾隆之后的嘉庆年间（1796—1820）。历经 150 年扩建之后，圆明三园的面积达到了 350 公顷，其中人工开凿的水面占一半以上，建筑面积约 16 万平方米，包括宫殿、园林、寺庙、戏楼、藏书楼、码头等。各个殿宇内收藏的古籍珍宝、文玩字画，更是无以计数。

1856 年，英国和法国联合发动第二次鸦片战争。1860 年 10 月 6 日，英法联军闯入圆明园，对园中的金银财宝和艺术珍品进行了疯狂洗劫。10 月 18 日，侵略军纵火焚烧圆明园。“万园之园”，就这样毁于入侵者的罪恶之火。

如今，堪称建筑奇迹的一代名园只剩下残垣断壁，游人已经无法目睹旧时的建筑与设施，只能凭借文献资料，在想象中重现昔日圆明园恢宏的景象。我们这本书，也只能请读者聊作一次“画中游”。

我是在做梦，还是走进了百年前的历史轮回？眼前这片福海上的阵阵微风和鳞鳞波光，对于我来说，都是那么熟悉，那么亲切，空气中的味道，也是那么沁人心脾。这里曾经出现过一个文明的奇迹——圆明园，那时候人类发明创造出来的很多很多美好的东西，都曾经荟集在这里。

◁　从圆明园到长春园，再到绮春园，整个圆明园占地大约350公顷。虽然处处是人造的景观，但都像是大自然生成的一样，特别漂亮。在这里，我尽情地嬉戏、跳跃，感到无比自豪，因为我的家是“万园之园”。

什么是“圆明”？简单来说，“圆”就是指个人品德圆满，“明”就是指政治业绩清明。这是封建时代明君贤相的理想标准。可见，皇帝给它命名的时候也是煞费苦心了。

我还记得“金虎”这个名字。是我的朋友叫金虎，还是我叫金虎？或许，我俩原本就是一体的。

◁ 北京城西北郊的这座皇家离宫，是我生活的天堂。它的另一个名字叫圆明三园，因为它是由圆明园、长春园、绮春园（后改名“万春园”）组成的。其实，园里还有很多小园，分布在东西南三面，就像众星捧月一样，环绕在园林的周围。

◁ 海晏堂是圆明园里最大的一处欧式景观。这座美丽的宫殿，在不同时间，不同的光线下，从不同角度去看，都会让人有不同的感受。海晏堂正楼朝西，上下各十一间。“海晏”就是大海风平浪静的意思，用来比喻天下太平。

十二生肖人身兽头铜像，分左右排列在海晏堂前的大型喷水池中。按照昼和夜十二个时辰的排列，这些铜像会依次轮流喷水，根据喷水的动物来判断，人们就可以知道大概时间，所以，人们又叫它“水力钟”。现在是什么时辰了，我怎么睡不醒呢？

◁ 海晏堂背面的这道凹形门很神秘，没有人敢走进去。我有好几次想进去，但走到门口，仿佛就被里面无形的手推出来了。

我一直觉得，海晏堂的东西墙壁，是镶嵌着黄金和宝石的，闪闪的，而且冰凉冰凉的，这也许因为它是一座供水楼的缘故吧。楼的东西两头是提水用的水车房，中间有高台，台上有蓄水池。因为蓄水池的池底和四壁都铺着防渗水的锡板，所以它又叫“锡海”。这个蓄水池容量可不小，一次可以储水180 多吨呢。

这是一道西洋风格的穿堂门，南北两侧的屋里，曾经有很多网笼，养着很多珍奇鸟雀，所以这里被称为“养雀笼”。这么漂亮的房子，竟然是专门用来养鸟的，很神奇吧？

◁ “大水法”这个名字，听起来有点怪怪的，其实，它就是大喷泉。椭圆的菊花式喷水池里，有一只铜铸的梅花鹿，鹿角可以喷出八道水柱。梅花鹿的左右两侧有十只铜狗，铜狗的嘴里喷出水柱，直射鹿身，这就是著名的“猎狗逐鹿”喷泉。喷泉后面的背景是石龛式的建筑，看起来是不是很有舞台效果呢？

这是十三级的喷水塔，在大水法喷泉左右前方各有一座。在没有电力和电动机的年代，人们运用从上到下的压差，把蓄水池里的水压向远近各处几十个大大小小的出水口。这几座喷水塔总是和大水法喷泉同时喷水，水流一起涌出的时候，真是太壮观了。在圆明园转上一圈，你就会发现，这样的喷泉还有很多很多。一定是哪位皇帝特别喜欢水吧？他是谁呢？

“谐奇趣”是一座欧式喷泉大殿。这个听起来挺特别的名字，是乾隆皇帝起的，意思是“天谐奇趣”。这里的主楼有三层，楼前向左向右分别有一个弧形游廊，游廊连着两层八角楼厅。那两个八角楼厅可以说是音乐厅，是分别用来演奏东西方音乐的。我在这里，总是能和皇帝一同欣赏音乐，这是何等荣耀的事情啊！

谐奇趣的北面，还有一座小型喷泉池，是菊花形的，水池里有铜鸭，还有石鱼。

◁ 这个被叫作“方外观”的两层小楼，是一座清真寺，是乾隆的维吾尔族皇妃香妃做礼拜的地方。方外观室内的墙上，有两块圆形的阿拉伯碑文，我看不懂，也听不懂。

方外观的西南桥外，有一座八角亭，这里是香妃最喜欢散步的地方。八角亭的风格应该说是西式的，但又有中式建筑的特点，这就是中西合璧吧？中国建筑风格与西方建筑风格能如此完美地结合在一起，真是让人感叹啊！

◁ “线法山”这个名字听起来有点难懂，其实，“线法”是指西洋油画的一种绘画方法。线法山是一座人工堆成的土山，山顶有一座西式凉亭，附近有一条方河，方河南北两岸有全长200多米的线法墙，墙面挂着很多西洋风景油画。这是皇帝欣赏西洋画的地方，大概相当于如今的美术馆吧。在我看来，这里叫线法山，还不如就叫美术馆呢。

这个西式牌楼是线法山的正门，门上的雕刻非常精美。我总是在想，通往天堂的门也不过如此吧？

线法山也是皇帝跑马登山的地方。山并不高，占地面积6500平方米，山上有五尺宽的盘山道，可以直达山顶。当年乾隆皇帝总是骑着马，顺着山道盘旋上山。这里特别安静。坐在凉亭，可以俯看大水法，还可以看到远处的方河和那些风景画，真是太妙了。

◁ 圆明园里仿照欧式园林营建的景观，是意大利传教士郎世宁、法国传教士蒋友仁和王致诚等人设计监造的，这些欧式建筑景观占园林总面积的1.5%，包括谐奇趣、黄花阵、养雀笼、五竹亭、方外观、海晏堂、蓄水楼、远瀛观、大水法、观水法、线法山、方河等，用了14年的时间才全部建成。

每个人都想知道大殿里面究竟是什么样子，可是，你们怎么可能像我一样呢？现在你们知道我为什么会对这里了如指掌了吧？

万花阵是我消磨时光的地方。这里原来叫黄花阵，是仿照欧洲的迷宫建成的花园。这里有四尺高的雕花砖墙，中间有白色的凉亭，还有碧花楼和后花园。迷宫的方阵南北长 89 米，东西宽 59 米，阵墙总长有 1600 多米，墙高约 1.2 米。在中秋之夜，皇帝坐在凉亭里，宫女们顺着迷宫的路径快速奔跑，最先跑到凉亭的人，可以领到皇帝的赏物。因为那些宫女手里都拿着用黄绸扎成的莲花灯，所以这个迷宫方阵被称为黄花阵。这里也是我特别喜欢的地方。我经常在这里跑啊，转啊，虽然没有人给我奖赏，但我每次都能扬着头走出来。

有一年，不知从哪儿飞来了十几对白鹤，住在了圆明园这片凉爽又清静的地方。“仙鹤来朝”，这是吉兆啊！皇帝大喜，希望这些白鹤每年都能回到这里。为了取悦皇帝，太监们找工匠雕铸了十二只不同姿态的金鹤。皇帝传旨修建了一座斋堂来摆放这些金鹤，并将这座斋堂命名为“双鹤斋”。双鹤斋是仿照无锡惠山的寄畅园修建的。因为鹤是一种飞禽，喜欢在水边或沼泽地活动，所以双鹤斋的建筑也结合了这个特点，临水而建。

金狮子，你好雄伟，你知道你的命运吗？你能主宰你的命运吗？

皇帝喜欢坐在这里观看喷泉。这些专为皇帝修建的宝座和石雕，真是太精美了。

圆明园里不知有多少翘檐飞挑的楼阁亭榭，也不知有多少金碧辉煌的琉璃宝塔，有时会让人分不清这究竟是梦境还是仙界。这一定是传说中的东海龙宫被移植到了圆明园吧？ ▷

皇帝坐在正中看喷泉，我只能走侧门，别人也不例外。就算皇帝没坐在那儿，我和众人也一样不能从正门进出。

“远瀛观”是乾隆皇帝宠爱的香妃生活的地方。它是一座西洋钟楼式大殿，看起来豪华又壮观。这里的十几根汉白玉的石柱特别气派，尤其是中间大门前那两根石柱，上面刻满了葡萄花纹，非常精美。还有，这里的玻璃也非常多，镶嵌在门窗上的玻璃，大大小小有 1206 块，上面还画着很多西洋人物和风景，真的很漂亮呢。

◁ 这座白石基座的重檐楼亭，是“方壶胜境”建筑群的一部分。方壶胜境是以人们想象中的仙山楼阁为题材而建造的，是圆明园四十景之一，也是圆明园里最宏伟的建筑群。建筑群的前面，有三座重檐大亭，呈“山”字形伸入湖中，后面的九座楼阁中供奉着 2000 多尊佛像，30 余座佛塔，建筑宏伟辉煌。

我要多看一会儿这烟花，因为它转眼就会消失。

精巧华美的“万方安和”也是圆明园四十景之一。它是一座以卍字轩为主体的风景园林，汉白玉基座修建在水中，东西南北四个方向有33间彼此相连的水榭，房间朝向各不相同，可以在不同季节、不同时辰，看到丰富多变的景色，所以，这里一年四季都适合居住。卍字符在藏传佛教中代表太阳及其光芒，象征光明，是吉祥如意的标志。康熙帝尊崇藏传佛教，清代的宫殿建筑，特别是彩画中，经常会用到卍字符，寄托着帝王希望天下太平的理想。

“曲院风荷”，听这名字你就能知道，这里是赏荷的好地方。也许你们知道，杭州西湖有一处有名的景观就叫曲院风荷。没错，圆明园里的曲院风荷，就是仿照西湖的那处景观修建的。穿着红衣的仙女荡舟湖中，婆娑起舞，据说这原本只是乾隆皇帝做的一个梦，但是，梦醒之后，乾隆皇帝便让大臣在这里种上了大片的荷花，很快就圆了这一美梦。到底是皇帝呀！

圆明园真是太大了，园里有好多好多我叫不上名字的地方，还有好多好多我没办法带你去看的地方。你还是闭上眼睛，自己想象一下吧。

这里真是太有意境了，上下相连，水天一色，所以，这里被命名为“上下天光”。这几个字，取自宋代文学家范仲淹《岳阳楼记》里的名句“上下天光，一碧万顷”。它在圆明园里属于比较早的建筑。两层楼阁临湖而建，两侧的曲桥蜿蜒百尺，桥上建有水亭水榭。当年，这里可是观赏后湖风光以及中秋赏月的好地方呢。

◁ 这座建筑是“西峰秀色”中的一座大殿。西峰秀色是圆明园里皇帝的寝宫之一，它是一个四面环水的小岛，上面的景观是仿照江西庐山修建的。每年七月初七乞巧节的时候，皇帝都要在这里大宴群臣，看焰火，赏灯舞，尽情玩乐。

圆明园经过康熙、雍正、乾隆、嘉庆、道光、咸丰六朝的经营，历时150多年，每年仅维修的费用就需要大约10万两白银，至于建造的费用，那是我无论如何也算不清的天文数字了。

从紫禁城到圆明园，真是好远好远啊！皇帝出行的时候，浩浩荡荡的队伍从紫禁城西华门出来向西，经过西直门、海淀镇，到达圆明园。现在看，这段路程不算长，大约也就15公里，但那时的马车要走上三个多小时。每次进园，都感觉皇帝想要长住在这里一样。也对，这么美的地方，谁又舍得离开呢？

◁ 爱新觉罗 · 玄烨，也就是康熙皇帝，真是一个不可思议的帝王。正是这位皇帝开始建造圆明园，并把它赐予后来的雍正皇帝，使得这里的故事延续了150多年。

传说，某一年的盛夏，乾隆皇帝曾经做过偶遇荷花仙子的美梦。谁也不知道他梦见的荷花仙子究竟是什么样子的，但是，大家都知道，从那以后，乾隆皇帝就把泛舟福海、采荷弄莲当成了一大乐事。

皇帝来到圆明园，主要是来度假的，不过，皇帝毕竟是皇帝，偶尔还是会有一些天下大事需要处理，所以，给皇帝准备好议政的场所非常重要哦。

我心中的皇帝啊，你真的让我失望。我原以为你是条龙，其实呢……

绮春园的东湖之中，有一处被称为“避暑最佳处”的地方，这就是“凤麟洲”。这个景观的名字取自古代神话传说中海内十洲之一的凤麟洲。凤麟洲由大小两个岛组成，岛上建有殿宇亭榭，南边设有码头。在这里，我见过嘉庆、道光、咸丰三位皇帝。可是，这两个时髦女郎，又是哪位皇帝身边的人呢？ ▷

在线法山的东门，总能看到皇城闲妇在纳凉。至于她们是不是有意在那里逗留，专门等着皇帝骑马路过，就不得而知了。

临風

曲折连绵的花径回廊上，有人在唱：“艳阳天，艳阳天……”这应该是曾经住在这里的一个女人的歌声。那些女人们的故事真的太多了，谁又能说清楚呢？

什么是内忧外患？我说不明白。我在园子里看到的，只是妃子们的明争暗斗，还有太监们的你贪我拿。我又能怎么样呢？还是尽情享受我自己的乐趣吧！

◁　被关起来的是金虎，我心里特别难过。它是在代我受过。我并不知道自己没有四处游玩的权利。

当年，慈禧还只是贵妃的时候，曾经在圆明园里宴请洋人。这么做的目的，是要彰显皇家荣耀，展示大清国威。

“月地云居”这个名字，听起来是不是很像神仙住的地方？其实，它是一处庙宇式的园林景观，是典型的佛教寺院。这里前方面临一条小溪，后方依靠一座小山丘，常年香烟缭绕。虽然它也是圆明园四十景之一，但和那些有名的景观相比，这里常常被人遗忘。

“蓬岛瑶台”是指福海中方丈、蓬莱、瀛洲大小三岛，岛上的建筑都是仙山楼阁的样子。福海上升起薄雾的时候，蓬岛瑶台就像神话传说中的仙境一样虚幻缥缈。在圆明园的鼎盛时期，端午节会进行龙舟竞渡，皇帝率王公大臣在西岸观阅，皇太后及后妃内眷则在蓬岛瑶台欣赏。每年七月十五中元节，福海还是放河灯的地方，而蓬岛瑶台的码头，就是皇帝放河灯的主要地点。这里过去很热闹，可是今天，这里却只有我自己。

圆明园里的宫女们，包括妃子们，从来不敢出来游戏，更不懂什么叫运动。这让整天在园子里跑跑跳跳的我显得有几分另类。哦，我忘了，那时的汉族女人们还缠足呢。

“天然图画”，这个名字真够直白的。这里也是圆明园里的一处景观，有临湖而建的楼阁，登楼可以远眺西山云岚，中观玉泉万寿塔影，近看后湖风光。这里的植物以竹林为主，还点缀了其他种类的花木，整个园林的色彩非常丰富，又能随着时令而变化，真的像天然图画一样。乾隆把这里命名为“天然图画”，大概正是这个原因吧？ ▷

圆明园不仅是万园之园，更是皇帝长年居住和办公的地方，这样的地方，自然是戒备森严的。圆明园里的护军，有骑兵200名，步兵800名，都是擅长骑射的勇武士兵。不过，这一年，隆隆的炮声由远而近，英法联军先是占领广州，接着一路北上，再到天津，然后一步步逼向北京……我感到了空旷的园子里飘散的不安和恐惧。

我是谁？我妈妈是谁？在这个如此美丽的世界里，这个问题其实一点也不重要。我不过是盛世下的一粒沙子，我确信，自己有一天也会在璀璨中死去。然而，命运却给了我另外一种安排……

知道我在等你吗？

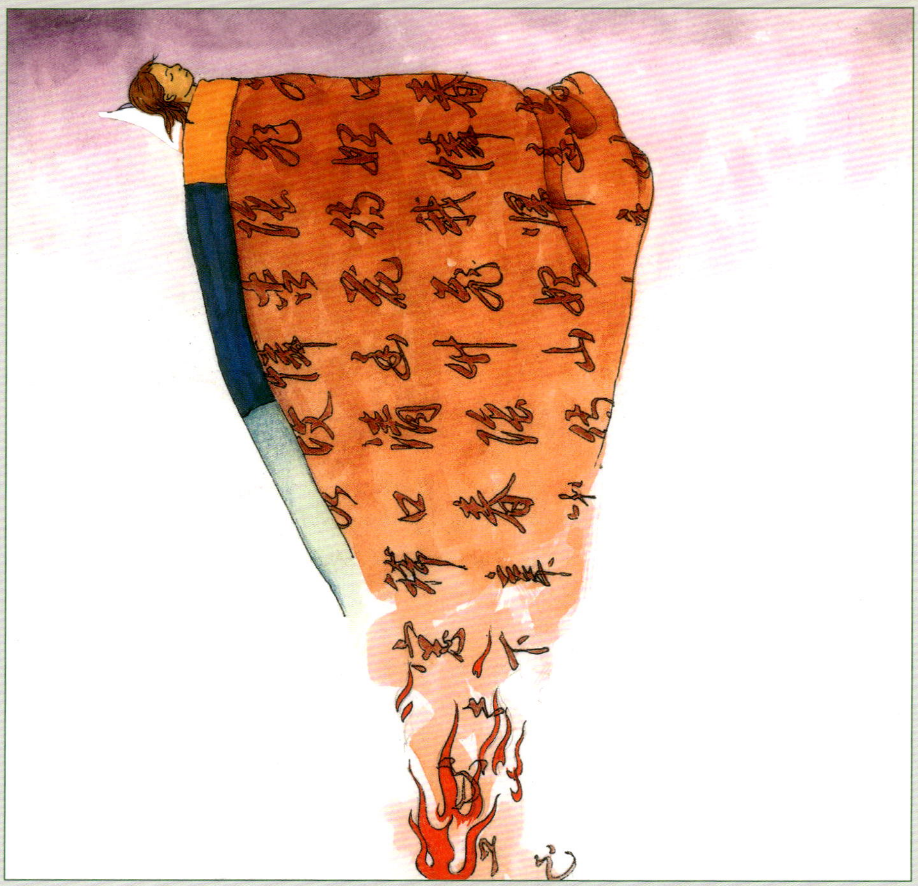

我们一起来记住和圆明园有关的这些历史时刻吧：

1856 年 10 月，英法联合发动第二次鸦片战争。

1859 年 5 月，英法炮舰强行闯入大沽口，被中国守军击退。

1860 年 9 月，英法联军从天津向北京方向发动进攻。

1860 年 10 月上旬，英法联军攻入北京并闯进圆明园，开始疯狂掠夺。

1860 年 10 月 18 日，侵略军纵火焚烧圆明园，大火从圆明园四十景之首的“正大光明”殿开始燃起。

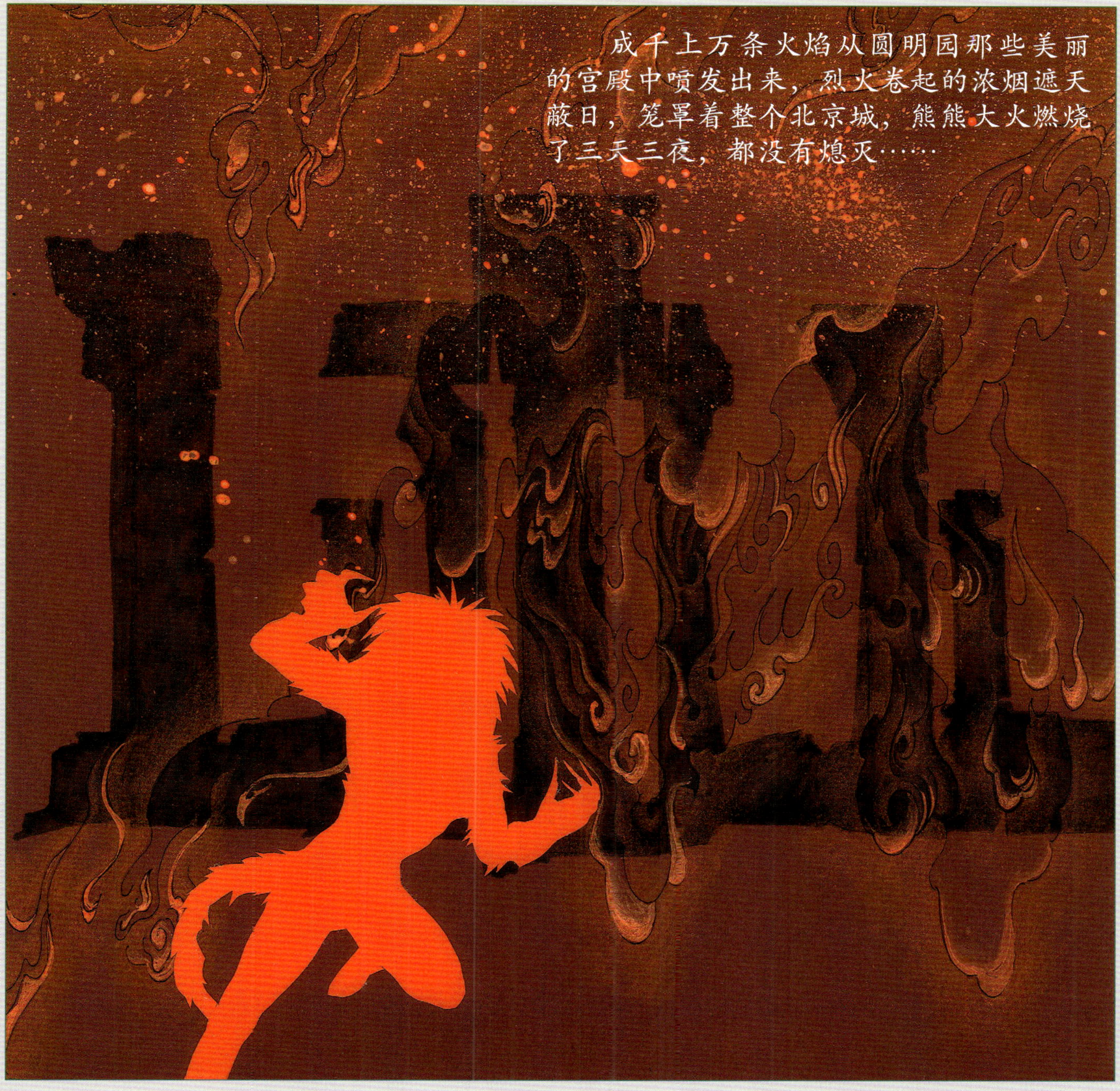
成千上万条火焰从圆明园那些美丽的宫殿中喷发出来，烈火卷起的浓烟遮天蔽日，笼罩着整个北京城，熊熊大火燃烧了三天三夜，都没有熄灭……

你相信报应吗？那个指挥纵火的英军强盗指挥官，几年之后调任印度总督，没过多久就暴病而亡，还有传言说他葬身火海。这大概就是上天对恶人的惩罚吧？

那些自称文明人的强盗，用最野蛮的方法，掠劫、焚烧了圆明园。历史不会忘记他们的罪恶。在大火燃烧之时，无能的清政府接受了侵略者的一切条件。那些外国列强从此霸占了中国的九龙半岛和北部的大片领土，还勒索了1600万两白银的巨额军费赔款。我从来没有经历过这么屈辱的时刻！

尽管我的眼睛已经被大火灼伤，但是，在养雀笼的残迹前，我依然守护着我的领地，守护着可怜的家园。

劫掠，焚烧，这种灭绝人性的残暴行为，在人类文明史上是极为罕见的。伦敦的大英博物馆和巴黎的枫丹白露宫，至今还陈列着很多被劫走的珍宝，向全世界展示着当年中国人的屈辱。我该说什么？我又能说什么呢？

我在熟悉的园子里到处奔走，停不下来。我并不知道自己要找什么，但我知道，其实，我已经什么也找不到了。

钟声似乎还在敲，和我的心跳同一个节奏。它在告诉我，留守北京的恭亲王奕䜣，已经与英、法、俄等国交换了《天津条约》文本，并签订了《北京条约》。真是丧权辱国啊！

我愤怒，我疯狂，我无法接受！尽管我的声音太微弱，我的身躯太渺小，但我还是要喊，拼命地喊！

目睹圆明园的惨状，我的痛苦无以言表。我四处打听皇帝的消息，希望皇帝能为我做主，为圆明园做主，没想到，咸丰皇帝也只是悲叹一声：“曷胜愤怒。”

圆明园里珍藏的宝贝太多了。那些强盗们把能带走的珍宝劫掠一空，带不走的就毁之一炬。那些典章书籍、奇珍异宝以及古玩字画、家具陈设，全都被一把火烧光了。那么美的园林，变得满目疮痍。园林的主管大臣文丰投水自杀，还有近300名太监、宫女和工匠没能逃出安佑宫，葬身火海。真的好惨呐！

圆明园的灾难并没有结束，而是一次又一次地降临。八国联军、军阀、土匪，轮番而来的铁靴，把我的心都踏碎了。在后来的30多年里，清廷还尝试着进行一些修复工程，但是，已经无力回天了。

在我的心里，圆明园是永远无法愈合的伤痕，也是永远无法拂去的尘埃。这些烧不掉的石头，记下的是侵略者的暴行和我们的屈辱。

谁拿了我家的东西，还给我！

图书在版编目（CIP）数据

璀璨圆明园 / (加) 吴洋著.
-- 北京 : 五洲传播出版社, 2021.4
ISBN 978-7-5085-4647-6
Ⅰ. ①璀… Ⅱ. ①吴… Ⅲ. ①圆明园—介绍
Ⅳ. ①K928.73
中国版本图书馆CIP数据核字(2021)第059784号

“趣游京城”系列丛书

出 版 人：荆孝敏

璀璨圆明园

编　　绘：吴　洋
特邀编辑：兰佩瑾 宋舒红
责任编辑：樊程旭
设　　计：元　青 段立军 杨　帆
出版发行：五洲传播出版社
地　　址：北京市海淀区北三环中路31号生产力大楼B座6层
邮　　编：100088
发行电话：010-82005927，010-82007837
网　　址：http://www.cicc.org.cn，http://www.thatsbooks.com
印　　刷：恒美印务（广州）有限公司
版　　次：2021年6月第1版第1次印刷
开　　本：20开
印　　张：4.4
书　　号：ISBN 978-7-5085-4647-6
定　　价：58.00元